चलो हवाओं का रुख़ मोड़ें

चलो हवाओं का रुख़ मोड़ें

कैलाश सत्यार्थी

नोबेल शान्ति पुरस्कार से सम्मानित

वाणी प्रकाशन

वाणी प्रकाशन

4695, 21-ए, दरियागंज, नयी दिल्ली 110 002

फ़ोन : +91 11 23273167 फ़ैक्स : +91 11 23275710

शाखाएँ

अशोक राजपथ, पटना 800 004, बिहार

कॉफ़ी हाउस कैम्पस, महात्मा गाँधी मार्ग, इलाहाबाद 211 001, उत्तर प्रदेश

महात्मा गाँधी अन्तरराष्ट्रीय हिन्दी विश्वविद्यालय, वर्धा 442 001, महाराष्ट्र

www.vaniprakashan.com
marketing@vaniprakashan.in
sales@vaniprakashan.in

Chalo Hawaon Ka Rukh Moden
by Kailash Satyarthi

ISBN : 978-93- 5518-255-5
Poetry Collection

प्रथम संस्करण 2022
प्रकाशित प्रतियाँ 1100

मूल्य : ₹ 350

आर. टेक ऑफ़सेट प्रिंटर्स, दिल्ली-110032 में मुद्रित

वाणी प्रकाशन का लोगो मक़बूल फ़िदा हुसेन की कूची से

कवि परिचय

दुनिया के सबसे प्रतिष्ठित 'नोबेल शान्ति पुरस्कार' से सम्मानित श्री कैलाश सत्यार्थी पहले ऐसे भारतीय हैं, जिनकी जन्मभूमि भारत है और कर्मभूमि भी। उन्होंने अपना नोबेल पुरस्कार राष्ट्र को समर्पित कर दिया है, जो अब राष्ट्रपति भवन के संग्रहालय में आम लोगों के दर्शन के लिए रखा है। इलेक्ट्रिकल इंजीनियरिंग में स्नातक की डिग्री लेने के बाद श्री सत्यार्थी ने जीविकोपार्जन के लिए अध्यापन कार्य चुना और एक कॉलेज में पढ़ाने लगे। लेकिन उनके मन में ग़रीब व बेसहारा बच्चों की दशा देखकर उनके लिए कुछ करने की अकुलाहट थी। इसी ने एक दिन उन्हें नौकरी छोड़कर बच्चों के लिए कुछ कर गुज़रने को विवश कर दिया। जब देश–दुनिया में बाल–मज़दूरी कोई मुद्दा नहीं हुआ करता था, तब श्री सत्यार्थी ने सन् 1981 में 'बचपन बचाओ आन्दोलन' की शुरुआत की। यह वह दौर था, जब समाज यह स्वीकारने तक को तैयार न था कि बच्चों के भी कुछ अधिकार होते हैं और बालश्रम समाज

पर एक अभिशाप है। श्री सत्यार्थी के नेतृत्व में 'बचपन बचाओ' आन्दोलन सीधी छापामार कार्रवाई के ज़रिए अब तक एक लाख से ज़्यादा बच्चों को बँधुआ मज़दूरी और ग़ुलामी की ज़िन्दगी से मुक्त कराकर उनका पुनर्वास करा चुका है। बाल मज़दूरों को छुड़ाने की छापामार कार्रवाई के दौरान उन पर अनेक बार प्राणघातक हमले भी हुए हैं।

श्री सत्यार्थी ने बच्चों के अधिकारों को लेकर देश और दुनिया में कई आन्दोलन शुरू किये और उनका नेतृत्व किया। इनमें 1998 का 'ग्लोबल मार्च अगेंस्ट चाइल्ड लेबर' प्रमुख है। छह महीने तक चली और 103 देशों से होकर गुज़री इस यात्रा ने 80 हज़ार किलोमीटर की दूरी तय की थी। करीब डेढ़ करोड़ लोग इस यात्रा में शामिल हुए थे। इस आन्दोलन का व्यापक प्रभाव रहा और बालश्रम को लेकर देश–दुनिया में कई क़ानून बने। यात्रा के परिणामस्वरूप ही बाल अधिकारों को लेकर अन्तरराष्ट्रीय श्रम संगठन ने 'कन्वेंशन–182' पारित किया था। यह कन्वेंशन बाल श्रम के सभी खतरनाक रूपों को प्रतिबन्धित करता है। इस पर 187 देश हस्ताक्षर कर चुके हैं। श्री कैलाश सत्यार्थी के प्रयासों से शुरू हुआ 'ग्लोबल मार्च अगेंस्ट चाइल्ड लेबर' आज बालश्रम उन्मूलन की दिशा में प्रयासरत विश्व का सबसे बड़ा सिविल सोसाइटी नेटवर्क है। यह संगठन करीब 150 देशों में काम करता है। श्री सत्यार्थी सबको शिक्षित करने की विश्वव्यापी मुहिम

'ग्लोबल कैंपेन फॉर एजुकेशन' के संस्थापक हैं। भारत में शिक्षा का अधिकार क़ानून बनवाने में श्री सत्यार्थी जी की महत्त्वपूर्ण भूमिका रही है। वे विश्व में उत्पादों के बालश्रम रहित होने के प्रमाणीकरण व लेबल लगाने की विधि 'गुडवीव' के भी जनक हैं।

दुनियाभर के वंचित, ग़रीब और हाशिये के बच्चों की शिक्षा, सुरक्षा और आज़ादी के वैश्विक संघर्ष और हस्तक्षेप के लिए उन्होंने नोबेल पुरस्कार विजेताओं और विश्व नेताओं को एकजुट कर 'लॉरिएट्स एंड लीडर्स फॉर चिल्ड्रेन' की स्थापना की है। श्री कैलाश सत्यार्थी ने पूरी दुनिया में बच्चों के प्रति हिंसा को ख़त्म करने के मक़सद से *'100 मिलियन फॉर 100 मिलियन कैम्पेन'* नामक एक विश्वव्यापी ऐतिहासिक आन्दोलन की भी शुरुआत की है। इस आन्दोलन के ज़रिये 10 करोड़ युवाओं को समाज के हाशिये पर खड़े 10 करोड़ वंचित बच्चों की सहायता के लिए प्रेरित किया जायेगा। इसी कड़ी में श्री सत्यार्थी ने भारत में बाल यौन शोषण और बाल दुर्व्यापार (ट्रैफिकिंग) के ख़िलाफ़ सन् 2017 में 11,000 किलोमीटर की देशव्यापी 'भारत यात्रा' का आयोजन और नेतृत्व किया। बच्चों के सवाल पर देश का यह अब तक का सबसे बड़ा आन्दोलन है।

बचपन हिंसा, अत्याचार और त्रासदी से मुक्त होना चाहिए। ऐसी दुनिया के सपने को साकार करने के लिए श्री सत्यार्थी ने 'कैलाश सत्यार्थी चिल्ड्रेंस

फ़ाउंडेशन' की स्थापना की है। बच्चों का सर्वांगीण विकास और सशक्तीकरण सुनिश्चित करने के लिए नीतियाँ बनवाने तथा उन्हें लागू कराने के लिए ज़रूरी शोध करना, उसके पक्ष में समर्थन जुटाना एवं अभियान चलाना फ़ाउंडेशन का उद्देश्य है।

साथ ही बाल मित्र समाज बनाने के लिए उन्होंने ग्राणीण इलाके में 'बाल मित्र ग्राम' और शहरी झुग्गी बस्ती इलाक़े में 'बाल मित्र मण्डल' के निर्माण की अभिनव पहल की है। कोविड–19 महामारी के संकट से उबरने के लिए अमीर देशों ने जो अनुदान दिया है, उसका उचित हिस्सा वंचित और हाशिये के बच्चों के स्वास्थ्य, शिक्षा और सुरक्षा आदि पर ख़र्च हो, इसके लिए वे 'फेयर शेयर फॉर चिल्ड्रेन' नाम से विश्वव्यापी अभियान भी चला रहे हैं।

श्री सत्यार्थी पहले ऐसे भारतीय हैं, जिन्हें नोबेल पुरस्कार के साथ–साथ डिफेंडर्स ऑफ़ डेमोक्रेसी अवॉर्ड, मेडल ऑफ़ इटैलियन सीनेट, रॉबर्ट एफ कैनेडी ह्यूमन राइट्स अवॉर्ड, हार्वर्ड ह्यूमैनिटेरियन अवॉर्ड जैसे दुनिया के सम्मानित पुरस्कारों से नवाज़ा जा चुका है। उनकी छह पुस्तकें भी प्रकाशित हो चुकी हैं।

कवि की बात

कविता लिखना न तो मेरा व्यवसाय है और न ही शौक़, जुनून अथवा प्यार। फिर भी मुझसे कविता क्यों लिखी जाती है? इसका ठीक–ठीक जवाब मेरे पास नहीं है। स्मृतियों में झाँकने पर ऐसा लगता है कि मैंने कविता लिखने का प्रयास नहीं किया, बल्कि हालात और उससे उपजे आक्रोश ने समय–समय पर मेरी भावनाओं को शब्द का रूप दे दिया है।

मैं साहित्य का विद्यार्थी नहीं रहा हूँ। न ही कविता का शास्त्र और व्याकरण जानता हूँ। मैं तो विज्ञान और इंजीनियरिंग का छात्र रहा हूँ। सामाजिक बदलाव की ललक ने मुझे लेखक ज़रूर बना दिया। कॉलेज के दौरान ही सामाजिक कुरीतियों और बुराइयों के ख़िलाफ़ अख़बारों में लिखना शुरू कर दिया था। अस्सी के दशक की शुरुआत में जब नौकरी छोड़ कर बचपन बचाने में जुट गया, तब बालश्रम कोई मुद्दा ही नहीं हुआ करता था। लोगों को समझाना कि यह एक सामाजिक बुराई है, आसान नहीं था। ऐसे में मैंने कलम उठायी

और लोगों को बालश्रम के ख़िलाफ़ जागरुक करने और नीति निर्माताओं को आगाह करने के लिए विभिन्न पत्र–पत्रिकाओं में नियमित रूप से लिखना शुरू कर दिया। इसी सिलसिले को आगे बढ़ाते हुए बालश्रम और मानवाधिकारों को समर्पित 'संघर्ष जारी रहेगा' नामक एक पत्रिका का प्रकाशन भी किया।

बचपन में पिताजी रामचरितमानस की चौपाई सुनाते और उसके धार्मिक और दार्शनिक पक्ष की व्याख्या करके बताते। इस लोकप्रिय महाकाव्य को सुनते हुए ही बचपन बीता। एक समय तो मुझे पूरा रामचरितमानस कण्ठस्थ हो गया था। मन के भावों को शब्दों में पिरोने की प्रेरणा शायद रामचरितमानस से ही आयी। किशोरावस्था में आर्य समाज से जुड़ने के बाद इसके पक्ष में निबन्ध और भाषण प्रतियोगिताओं में हिस्सा लेने लगा। मुझे लगता है, इससे मुझे शब्दों का संस्कार मिला। फिर शब्द और आक्रोश एक–दूसरे में ढलने लगे। आक्रोश ने तो स्कूल के पहले दिन ही जन्म ले लिया था, जब मैंने एक मोची बच्चे को अपने पिता के साथ जूता पॉलिश करते देखा। स्कूल के पहले दिन की यह घटना मुझे वर्षों तक उद्वेलित करती रही। बचपन का यह सवाल कि, "मैं स्कूल में क्यों हूँ और वह मोची बच्चा पढ़ाई की बजाय जूते क्यों पॉलिश कर रहा है?" युवावस्था तक मेरा पीछा करता रहा। स्कूल में मैं अपने शिक्षक और फिर परिवारवालों से यह सवाल करता रहा। लेकिन किसी ने भी मुझे इसका

सन्तुष्ट करने वाला उत्तर नहीं दिया। इस सवाल ने ही मेरे मन में विद्रोह के बीज बोये, जो कई बार कविताओं के माध्यम से प्रस्फुटित हुए।

बचपन में मैंने आज़ादी के नायकों और क्रान्तिकारियों पर कुछ कविताएँ लिखीं, जो फिलहाल मेरे पास नहीं हैं। फिर कॉलेज के दिनों में सामाजिक बुराइयों और व्यवस्था के ख़िलाफ़ कविताएँ लिखने लगा। आपातकाल के समय भूमिगत रहने के दौरान भी कुछ कविताएँ लिखीं। युवावस्था में एक दौर ऐसा भी आया जब मैं संन्यास की तरफ़ आकर्षित हुआ और सत्य की तलाश में जुट गया। सत्य की तलाश के दौरान भी मैंने कुछ कविताएँ लिखीं। फिर सुमेधा जी से मुलाक़ात हुई। अपने पहले प्रेमपत्र में मैंने सुमेधा जी को भी एक कविता लिख भेजी थी।

जब बालश्रम के ख़िलाफ़ आन्दोलन शुरु किया तो लोगों को जागरूक करने के लिए गीत लिखने लगा। हज़ारों किलोमीटर की जन–जागरूकता यात्राओं के ये 'थीम सांग' बने। इस बीच जीवन यात्रा और संघर्ष के दौरान जो सामाजिक असमानता और कुरीतियाँ दिखीं, समय–समय पर उन पर अपने आप भाव व्यक्त होते गये। कभी मेरे आध्यात्मिक और दार्शनिक विचार भी कविता के आकार में ढल गये। लेकिन, इन रचनाओं को मैंने कभी संग्रहित नहीं किया। जब विचार आये तो लिख दिया और फिर वह कागज़ों के पुलिन्दों में ही दबे रहे। हाँ, इनमें कुछ का आन्दोलनों में इस्तेमाल ज़रूर हुआ,

जो संगठन की फ़ाइलों में नत्थी पड़े थे। कुछ कविताओं को सुमेधा जी ने सहेज कर रखा था। मेरे मन में कभी इनका संग्रह प्रकाशित करने का विचार नहीं था। साल 2017 में हमने बच्चों के यौन शोषण के ख़िलाफ़ लोगों को जागरूक करने के लिए 'भारत यात्रा' का आयोजन किया था। 35 दिन तक चली इस यात्रा के लिए मैंने एक गीत लिखा था। एक प्रसिद्ध बैंड ने इसे अपनी धुन और आवाज़ देकर तैयार किया, जो 'भारत यात्रा' का थीम सांग बना और चर्चित रहा। इसके बाद मेरे संगठन के साथियों ने अन्य कविताओं की तलाश शुरू की और लम्बी जद्दोजहद के बाद उन्हें संग्रहित किया। फिर भी मुझे लगता है सारी कविताएँ नहीं मिल पायी हैं। जो मिलीं वह कविता संग्रह के रूप में आपके सामने हैं।

मुझे लगता है कि मेरी कविताएँ मेरे और मेरे भीतर के संसार की सहयात्री हैं, जो कभी–कभी बाहर नज़र आ जाती हैं। हमारी यह यात्रा अलगाव, घृणा, क्रूरता, हिंसा और हताशा के अन्धेरों से बने परिस्थितिजन्य यथार्थ की धरती से आपसी जुड़ाव, प्यार, आशा और भरोसे की रोशनी से भरे शाश्वत सत्य के असीम आकाश की तरफ़ निरन्तर चलते रहने की यात्रा है। इस यात्रा के रास्ते में मेरी कविताएँ कभी पाँव और उनकी रफ़्तार, तो कभी आँखें और उनमें बसे सपने बन कर साथ चलती हैं। इसीलिए न तो वे स्वान्तःसुखाय हैं और न ही पर–उपदेशक।

मनुष्य मात्र की आज़ादी, गरिमा, समानता और न्याय के लिए बेचैनी, आक्रोश, भरोसा, संकल्प और जद्दोजहद मेरे और मेरी कविताओं के लिए कोई राजनीतिक दर्शन या विचार नहीं है। बल्कि, ये हमारे अस्तित्व का कारक तत्व अथवा आत्मा है। एक बात और है। मेरी हमेशा यही कोशिश रही है कि उम्र बढ़ने के साथ–साथ मेरे भीतर का बच्चा कहीं बड़ा न हो जाये। बड़े ख़ुद भीतर से उलझे रहते हैं और बाहर उलझनें पैदा करते हैं। सिर्फ़ बच्चा ही है जो भीतर और बाहर सरल और सच्चा बना रह सकता है। मुझे यक़ीन है कि मेरी कोई–न–कोई कविता आपके भीतर के बच्चे को भी एकबारगी गुदगुदा कर जगा ज़रूर देगी।

अगर इस संग्रह की एक भी कविता या उसका कोई छोटा–सा अंश आपको सात अरब लोगों के इस परिवार का सदस्य मानने के लिए प्रेरित कर सके, और उनके सुख–दुख को शब्दों से परे ले जाकर आपकी अपनी अनुभूति में बदल सके, तभी मैं इसे सार्थक समझूँगा।

कैलाश सत्यार्थी

अनुक्रम

तलाश

(सन् 2001–2021 तक)

बदलाव
(सन् 1980–2000)

आक्रोश
(सन् 1980 से पहले)

तलाश

(सन् 2001–2021 तक)

मैं क्या हूँ

मैं बुदबुदा हूँ
भँवर हूँ, लहर हूँ

मैं सैलाब और सुनामी हूँ
मैं पोखर हूँ, तालाब हूँ, नदी हूँ
मैं ही बूँद और समन्दर हूँ
लेकिन सच यह है कि मैं सिर्फ़ पानी हूँ

तुम मुझे श्वास कहो
झोंका कहो या आँधी
तूफ़ान कहो या फिर हरिकेन
असलियत में तो मैं केवल हवा हूँ

तुम लक़ीरें खींचकर कहते रहो मुझे
भारत या पाकिस्तान
अफ़्रीका, अमेरिका या इंग्लिस्तान
लेकिन मैं सिर्फ़ धरती हूँ—एक धरती

कब तक उलझे रहोगे तुम
अलग–अलग नाम देकर
मेरे आकारों और रफ़्तारों को
जो कभी स्थायी नहीं रहते

परन्तु जो मरेगा नहीं कभी
वो सिर्फ़ मैं हूँ
और वही मैं, तुम हो

(कोरोनाकाल के दौरान मार्च, 2021।
बाल आश्रम, विराटनगर, राजस्थान)

तकनीक की मृग मरीचिका

नयी सदी की नयी सभ्यता
तकनीक की मृग मरीचिका

भीतर–भीतर ख़ुद से बिछुड़े जाते हैं हम
जाने किसकी ख़ातिर बाहर भाग रहे हैं?
तार नहीं दिखते, फिर भी हम बँधे हुए से
कौन नचाता, कठपुतली बन नाच रहे हैं

इंटरनेट के पानी में हम मछली जैसे
मोबाइल फ़ोनों के बिना गुज़ारा कैसे
घर–दफ़्तर के कम्प्यूटर जीवन के हिस्से
पर उन सब में सेंध लग गई
बने दलाल बाज़ारों के वे
सत्ता के हैं ख़ुफ़िया सारे

कल तक निजी फ़ैसलों, इच्छाओं,
आवश्यकताओं पर

चुनने की आज़ादी औ' पसन्द पर
ख़ुद का हक़ था
पर अब हो गई बात पुरानी
नये दौर में लिखी जा रही नयी कहानी

पात्र, समय, घटनाएँ अंकों में ढल रहीं
सूचना की गणनाएँ दुनिया बदल रहीं
बड़े–बड़े कम्प्यूटरों की बड़ी–सी भट्ठियों में
बनावटी बुद्धि की धधकती आग में
पकते हैं डेटा और तिजोरियाँ बनती हैं
कुर्सियाँ, हथियार और मूर्तियाँ गढ़ती हैं

देशों की सीमाओं पर सदियों के झगड़े
आने वाले कल में इतिहास रह जाएँगे
डेटा पर क़ब्ज़े को लेकर अब होंगे युद्ध
डेटा की ताक़त से ही वे लड़े जाएँगे
डेटा से उपजेंगे नये–नये शहंशाह
साइबर शहर साम्राज्य बन जाएँगे
चलो, अभी मौक़ा है, हाथ से न जाने दें

ज़िन्दा हैं अगर हम, तो ज़िन्दगी हमारी है
मुर्दा मशीनों में कितनी भी ताक़त हो
चेतना हमारी, संवेदना हमारी है
दूसरों की पीड़ा महसूसें और दूर करें
हम सबके भीतर की करुणा हमारी है

आँधियाँ उड़ाती हैं निर्जीव चीजों को
कुदरत के रचे हुए पंख तो हमारे हैं
ज़िन्दा परिन्दे हम, धड़कनें हमारी हैं
हवाएँ भले उनकी, दिशाएँ हमारी हैं

(जून 2021, बाल आश्रम,
विराट नगर, राजस्थान)

गठरी

एक गठरी में बाँध कर
दिनों को, महीनों को, सालों को
दूजी में ख़ुद को, तुमको और दुनिया को

रोज़–रोज़ सिरहाने रख कर बिस्तर पर
मैं सो जाता हूँ, फिर सपनों में खो जाता हूँ
सपने होते बड़े निराले
कभी-कभी रंगीन, तो कभी एकदम काले

दूर पहुँच से है जो मेरी
मैं वह सब कुछ जी लेता हूँ
उन लम्हों में मैं होता हूँ, सब होते हैं
मेरा सत्य वही होता है

किन्तु नींद गहरी होते ही
सपने भी सो जाते मेरे
न दुनिया मुझमें रहती है

न मैं दुनिया में रहता हूँ
फिर भी सच यह है कि
मैं ज़िंदा होता हूँ

आँख खुली, फिर वही ज़िन्दगी
भला-बुरा, सुख-दुःख, चिन्ताएँ
पाप-पुण्य, प्यासी इच्छाएँ
हँसना-रोना, खोना-पाना
और रात तक अपनी गठरी भरते जाना

पूछ रहा हूँ मैं ख़ुद से ही
सपने, सोने और जागने में
क्या असली है, नक़ली क्या है?
क्या झूठा है, सच्चा क्या है?

उत्तर खोज पाऊँगा उस दिन
जब मैं खोलूँगा, फेंकूँगा
अपनी उन गठरियों को,
खुली आँख से, खिली धूप में

दूर खड़े रह कर देखूँगा
ख़ुद को, तुमको और दुनिया को
तब महसूस करूँगा, कुछ भी अलग नहीं है

(कोरोनाकाल के दौरान नवंबर, 2020।
बाल आश्रम, विराटनगर, राजस्थान)

मरेगा नहीं अभिमन्यु इस बार

सदमे में अचेत अस्पताल में पड़ी मेरी माँ
महसूस नहीं कर सकती प्रसव पीड़ा तक
और मैं छटपटा रहा हूँ दुनिया में आने के लिए
गर्भ में बैठा सुन रहा हूँ भयानक कोलाहल
बाहर हर तरफ़ भीड़ ही भीड़ है
कहाँ दुबक गये हैं इन्सान
शायद बचे ही नहीं

इन्सानियत मरती है तभी जन्मती है भीड़
उसके ज़िन्दा रहने पर तो समाज बनता है

कल एक भीड़ ने हत्या कर दी थी
मेरी माँ के शौहर की
पोंछ डाला था उसकी माँग का सिन्दूर

सुना था वे झुनझुने, खिलौने, झबले और
बुरी नज़र से बचाने वाला ताबीज़ लेने निकले थे
लेकिन लौटे नहीं

न लौटे वे हाथ
जो माँ के पेट के ऊपर से ही सही
ख़ुद को ढूँढ़ लेते थे मुझमें
पीठ जो घोड़ा बनने को अकुला रही थी
नहीं लौट सके
मेरी हर बात सुन सकने वाले कान

न जाने कहाँ, कब और किससे सुनी थी
मेरे पिता ने एक कहानी
किसी अभिमन्यु की कहानी
जिसे सुनाकर वे मेरी माँ को या शायद मुझे
सुनाते रहते थे और भी ढेरों कहानियाँ
मोहब्बत की, अमन की, इन्सानियत की

नहीं होती थी उसमें कोई कहानी
मज़हब की, अन्धभक्ति की और सियासत की
शायद वे जानते थे कि इन्हीं से भीड़ बनती है
या फिर कोई और कहानी जानते ही नहीं थे

मेरी माँ जल्दी ही जागेगी
मैं जल्दी ही आऊँगा दुनिया में
लेकिन इस बार भीड़ वध नहीं कर सकेगी
अभिमन्यु को अकेला घेरकर
चक्रव्यूह तोड़ेगा अभिमन्यु इस बार
और बाहर भी निकलेगा
क्योंकि सबसे अलग थे मेरे पिता
माँ के पेट में उन्होंने मुझे
हिन्दू या मुसलमान नहीं
सिर्फ़ और सिर्फ़ इन्सान बनाया है

मरेगा नहीं अभिमन्यु इस बार
अभिमन्यु जीतेगा

(दिल्ली, फरवरी 2020, साम्प्रदायिक दंगों के दौरान)

इंक़लाब आ रहा है

इंक़लाब आ रहा है
आ रहा है इंक़लाब

अक्षरों के पंख लगा
भर कर शब्दों की शक्ति
क़दमों में अंकों के पहिये लगाये हुए
बढ़ रहा है इंक़लाब
आ रहा है इंक़लाब

लैगो के टुकड़ों को
तोड़-तोड़, जोड़-जोड़
टूट चुकी दुनिया को
बँटी हुई धरती को
कितने करीने से जोड़ रहा इंक़लाब
इंक़लाब आ रहा है
आ रहा है इंक़लाब

गर्मियों में झुलस गये
सारे पेड़ भाइयों को

पानी को तरस रहीं
सभी चिड़िया बहिनों को
ज़हरीली हवाओं में घुट रहीं साँसों को
सभी तो अपने हैं, सबको बचाने को
नन्ही-सी उँगलियों ने
अब क़लम उठा ली है
लिख रहीं इबारत वे
शीतल हवाओं की
रिमझिम फुहारों की,
महकते फूलों की
कागज़ पर ज़िन्दगी
लिख रहा है इंक़लाब

चल पड़ा जो स्कूली पढ़ाई
शुरू करके आज,
वही तो है इंक़लाब
यहीं है वो इंक़लाब
इंकलाब आ रहा है
आ रहा है इंक़लाब

(दिल्ली, 13 अप्रैल 2020, पोते इंक़लाब के बहाने सभी बच्चों की स्कूली शिक्षा शुरू करने के दिन पर)

गूँगी आवाज़ें बोलने लगी हैं

मैं साफ़-साफ़ देख रहा हूँ
तुम भी देखो,
गूँगी आवाज़ें बोलने लगी हैं
लाज-शरम, मान-मर्यादा की
बादलों से ढँका
खौफ़ का अँधेरा छँटने लगा है
क्योंकि कल जो सूरज
आसमान में उगा करता था
अब तुम्हारे भीतर से
उग रहा है

साधारण नामों और पहचानों वाले
भारत यात्रियों,
मैं देख रहा हूँ,
तुम्हें इतिहास का हस्ताक्षर बनते हुए

(बेंगलुरु, कर्नाटक, 18 सितम्बर 2017, बाल यौन शोषण और ट्रैफ़िकिंग के ख़िलाफ़ की गयी भारत यात्रा के दौरान यात्रियों को भेजी गयी चिट्ठी)

दशहरे का आह्वान

चलो आज हम रावण मारें
चलो आज हम लंका जारें

घर, स्कूल, खेत-चौबारे
आज बन रहे लंका सारे
पहचानो बाहर के रावण
ढूँढ़ो अपने भीतर रावण

एक अकेली सिया बेचारी
बीस भुजा, दस सिर के रावण
बिलख रही हैं जनक सुताएँ
कौन सुनेगा उनका क्रन्दन?
कहाँ राम? हनुमान कहाँ हो?
भारत माँ की शान कहाँ हो?

मुँह में राम, बगल में छुरी,
अब झूठे आडम्बर छोड़ो

तुम्हीं राम, हनुमान तुम्हीं हो
उठो हवाओं का रुख मोड़ो
चलो, आज हम रावण मारें
चलो आज हम लंका जारें

(सन् 2017, दशहरे के अवसर पर)

बिन मौसम के आया पतझड़

मेरे दरवाज़े के बाहर घना पेड़ था
मीठे फल लगते थे
कई परिन्दे उस पर गुज़र-बसर करते थे
जाने किसकी नज़र लगी
या ज़हरीली हो गयी हवाएँ

बिन मौसम के आया पतझड़ और अचानक
बन्द खिड़कियाँ कर, मैं घर में दुबक गया था
बाहर देखा बदहवास से भाग रहे थे सारे पक्षी
कुछ बूढ़े थे तो कुछ उड़ना सीख रहे थे

छोड़ घोंसला जाने का भी दर्द बहुत होता है
फिर वे तो कल के ही जन्मे चूजे थे
जिनकी आँखें अभी बन्द थीं, चोंच खुली थी
उनको चूम चिरैया कैसे भाग रही थी
उसका क्रन्दन, उसकी चीख़ें, उसकी आहें
कौन सुनेगा कोलाहल में

घर में लाइट देख परिन्दों ने
शायद ये सोचा होगा
यहाँ ज़िन्दगी रहती होगी
इन्सानों का डेरा होगा
कुछ ही क्षण में खिड़की के शीशों पर
रोशनदानों तक पर
कई परिन्दे आकर चोंचें मार रहे थे
मैंने उस माँ को भी देखा, फेर लिया मुँह
मुझको अपनी, अपने बच्चों की चिन्ता थी

मेरे घर में कई कमरे हैं
उनमें एक पूजाघर भी है
भरा हुआ फ्रिज है
खाना है, पानी है
खिड़की-दरवाज़ों पर चिड़ियों की खटखट थी
भीतर टीवी पर म्यूज़िक था, फ़िल्में थीं

देर हो गयी
कोयल-तोते, गौरैया सब फुर्र हो गये
देर हो गयी

रंग, गीत, सुर राग फुर्र हो गये
ठगा-ठगा सा देख रहा हूँ आसमान को
कहाँ गये वो जिनसे हमने सीखा उड़ना
कहाँ गया एहसास मुक्ति का, ऊँचाई का
और असीमित हो जाने का
पेड़ देखकर सोच रहा हूँ
मैंने या मेरे पुरखों ने नहीं लगाया
फिर किसने ये पेड़ उगाया?

बीज चोंच में लाया होगा उनमें से ही कोई
जिनने बोये बीज पहाड़ों की चोटी पर
दुर्गम से दुर्गम घाटी में, रेगिस्तानों, वीरानों में
जिनके कारण जंगल फैले, बादल बरसे
चलीं हवाएँ, महकी धरती

धुँधला होकर शीशा भी अब
दर्पण सा लगता है
देख रहा हूँ उसमें अपने बौनेपन को
और पतन को

भाग गये जो मुझे छोड़कर
कल लौटेंगे सभी परिन्दे
मुझे यक़ीं है, इन्तज़ार है
लौटेगी वह चिड़िया भी चूजों से मिलने
उसे मिलेंगे धींगामुश्ती करते वे सब मेरे घर में
सभी खिड़कियाँ, दरवाज़े सब खुले मिलेंगे
आस–पास के घर–आँगन भी
बाँह पसारे खुले मिलेंगे

(दिल्ली, 16 अप्रैल 2020, कोरोना महामारी के दौरान लॉकडाउन में शहर छोड़ कर भागने को मजबूर प्रवासी मज़दूरों की व्यथा पर)

तुम्हीं से है रंग, रोशनी और उड़ान

कैसे कर लेती हो तुम ये कमाल
कभी धरती, कभी खाद या फिर
पानी बनकर कभी
कैसे बन जाती हो तुम ही
कभी दीया, कभी बाती, तो कभी तेल

कैसे हो सकता है कि कोई
आकाश, पंख और हवाएँ बन जाये?

मुस्कराते-महकते फूल,
चमचमाती-इठलाती रोशनी और
ऊँचाइयाँ छू लेने के सपनों से भरे परिन्दे
शायद ही कभी समझ पायें
तुम्हारी अदृश्यता
तुम्हारे मौन की ताक़त
ख़ुद को जलाते रहने का सामर्थ्य
और बाहर रोशनी देने के लिए

ख़ुद अँधेरे में घिरे रहने की पीड़ा
कब-कब महसूस कर सका हूँ मैं भी
कि हर रंग, रोशनी, ख़ुशबू और
ऊँचाई तुम से है

(दिल्ली, 10 मई 2020, सुमेधा जी के जन्मदिन पर)

डर

डर से बनती हैं कैंचियाँ
जो कुतर देती हैं परिन्दों के पंख
डर से बुने जाते हैं जाल
जो पानी में आज़ाद मछलियों की बनते हैं मौत

डर से निकलता है धुआँ
जो दिन को रात बना देता है
अन्धी कर देता है हमारी आँखें
और रोक देता है रास्ते

पिंजरे गढ़ता है डर
हमारे भीतर और बाहर
क़ैद करने हमारी आत्मा को

डर और आज़ादी नहीं चलते साथ-साथ
डरती नहीं हैं आज़ाद कौमें
और डरी हुईं क़ौमें आज़ाद नहीं होतीं

(दिल्ली, 2008)

निकल पड़े हैं

निकल पड़े हैं, निकल पड़े हैं
निकल पड़े हैं
हम निकल पड़े

बिकने को तैयार नहीं हम
लुटने को तैयार नहीं हम
झुकने को तैयार नहीं हम
रुकने को तैयार नहीं
हम निकल पड़े हैं

साँसों में तूफ़ान लिए हम निकल पड़े हैं
दिल में हिन्दुस्तान लिए हम निकल पड़े हैं
निकल पड़े हैं, निकल पड़े हैं, निकल पड़े हैं
हम निकल पड़े

मोम की गुड़िया बनाके हमसे खेल रहे थे
वो तो कल था
जानवरों से कम क़ीमत पर बेच रहे थे

वो तो कल था
अब तुम हमको छू न सकोगे
खोटी नज़रों वालों सुन लो
आग का दरिया बनकर अब हम निकल पड़े हैं
साँसों में तूफ़ान लिए हम निकल पड़े हैं
दिल में हिन्दुस्तान लिए हम निकल पड़े हैं

निकल पड़े हैं, निकल पड़े हैं, निकल पड़े हैं
हम निकल पड़े

लहूलुहान जिस्म में घायल रूह लिए हम
पैरों को फौलाद बनाकर निकल पड़े हैं
अँधेरों से जाकर कह दो छुपकर बैठें
दोपहरी का सूरज बनकर निकल पड़े हैं
साँसों में तूफ़ान लिए हम निकल पड़े हैं
दिल में हिन्दुस्तान लिए हम निकल पड़े हैं

निकल पड़े हैं, निकल पड़े हैं, निकल पड़े हैं
हम निकल पड़े

जिन कपड़ों को फाड़ दिया करते थे कल तुम
बाँध पोटली उनमें अपनी शर्म हया की
तोड़ के चुप्पी, भींच के मुट्ठी निकल पड़े हैं
हाथों में अंगार लिए, हम निकल पड़े हैं
साँसों में तूफ़ान लिए हम निकल पड़े हैं
दिल में हिन्दुस्तान लिए हम निकल पड़े हैं

निकल पड़े हैं, निकल पड़े हैं, निकल पड़े हैं
हम निकल पड़े

जिनको अपने बेटे प्यारे-बेटी प्यारी
जिनको अपने भाई प्यारे-बहनें प्यारी
साथ में आओ, हाथ मिलाओ, क़दम बढ़ाओ
साँसों में तूफ़ान लिए हम निकल पड़े हैं
दिल में हिन्दुस्तान लिए हम निकल पड़े हैं

निकल पड़े हैं, निकल पड़े हैं, निकल पड़े हैं
हम निकल पड़े

गाँव-गली और चौराहों से निकल पड़े हैं
मन्दिर-मस्जिद गुरुद्वारों से निकल पड़े हैं
स्कूलों और कॉलेजों से निकल पड़े हैं
दफ़्तर और मकानों से हम निकल पड़े हैं
खेतों और खलिहानों से हम निकल पड़े हैं
फैक्ट्री और दुकानों से हम निकल पड़े हैं
बिकने को तैयार नहीं हम
लुटने को तैयार नहीं हम
झुकने को तैयार नहीं हम
रुकने को तैयार नहीं, हम निकल पड़े हैं...

साँसों में तूफ़ान लिए हम निकल पड़े हैं
दिल में हिन्दुस्तान लिए हम निकल पड़े हैं

निकल पड़े हैं, निकल पड़े हैं, निकल पड़े हैं
हम निकल पड़े

(दिल्ली, अगस्त 2017, बाल यौन उत्पीड़न के ख़िलाफ़ भारत यात्रा से पहले लिखा गया अभियान गीत)

अधलिखी कविता को डस लिया साँप ने

आज मेरी अधलिखी
मगर सबसे ख़ूबसूरत
प्यारी-सी, नन्ही-सी
सपने-सी कविता को
काल बन कर डस लिया
ज़हरीले साँप ने

खुले आसमान को
सागर को, लहरों को
धरती को, पर्वत को
अभी-अभी फूटी
भोर की किरणों को
गर्म-गर्म आँधी को
ठण्डी बयार को
भीतर से ज्वालामुखी
बाहर फुहार को
और मेरी अधलिखी

नाज़ुक-सी कविता को
काल बन कर डस लिया
ज़हरीले साँप ने

मुक्ति के अर्थ को,
सफलता के गर्व को
ख़ुद पर विश्वास को,
जीत के अहसास को
बचपन की परिभाषा को,
आन्दोलन की आशा को
और मेरी नन्ही-सी,
प्यारी-सी, अधलिखी कविता को
काल बन कर डस लिया, ज़हरीले साँप ने

हवाओं में घुल चुकी
मीठी सरलता को
प्राणों में बस गये
सच्चे संकल्प को
चेहरे से कहीं चौड़ी
निश्छल मुस्कान को

छोटे से जिस्म में
बड़े से इन्सान को
गुलामी को, दुखों को
निराशा व घृणा को
बार-बार रौंद चुके
धूल सने पैरों को
और मेरी अधलिखी अनकही
नन्हीं-सी कविता को
कालू को
काल बन कर डस लिया
ज़हरीले साँप ने

ज़हरीले साँप ने काल बन कर डस लिया
आज मेरी कविता को आज मेरे कालू को

(गुलामी से मुक्त कराये गये कालू कुमार बचपन बचाओ आन्दोलन के प्रखर कार्यकर्ता थे। जब वे मुक्ति कारवाँ जागरूकता अभियान टीम को लेकर झारखण्ड दौरे पर थे, उसी दौरान 22 सितम्बर 2011 की सुबह 4 बजे एक ज़हरीले करैत साँप ने उन्हें डस लिया, जिससे उनकी मृत्यु हो गयी थी)

शर्मिन्दगी में सिर झुकाना काफ़ी नहीं है

शर्मिन्दगी में सिर झुकाना काफ़ी नहीं है
काफ़ी नहीं है अफ़सोस के आँसू बहाना

जब घोंसले से निकलकर
चन्दा मामा पकड़ने को बेताब हों कोमल पंख
और बाहर बुला रही ठण्डी बयारों ने
आँचल में छुपा रखी हों कैंचियाँ
जब घर के आँगन में खिले नन्हें फूल ने
अभी-अभी सुगन्ध बिखेरी हो
और गली में ज़हरीली गैस से भरे
गटर का मुँह लार टपका रहा हो
तब शर्मिन्दगी में सिर झुकाना काफ़ी नहीं है
काफ़ी नहीं है अफ़सोस के आँसू बहाना

जब भोला-भाला स्वाद घुटने चलना
सीख रहा हो
और ललचा रही आइस्क्रीमों, चॉकलेटों
और मिठाइयों में छुपे हों खूँखार पंजे

जब स्कूल के ब्लैकबोर्ड की कालिख
सपनों और मासूमियत की
इबारत के साथ-साथ
उँगलियाँ तक चाटने लगी हो
तब शर्मिन्दगी में सिर झुकाना काफ़ी नहीं है
काफ़ी नहीं है अफ़सोस के आँसू बहाना

जब भोर की अनछुई पहली किरण को
अँधेरों के राक्षस निगलने खड़े हों
और कुत्ते चबा रहे हों तोतली ज़ुबान को
तब शर्मिन्दगी में सिर झुकाना काफ़ी नहीं है
काफ़ी नहीं है सहानुभूति के शब्दों की लफ़्फ़ाजी
ख़बरें पढ़ना, देखना और
भूल जाना, काफ़ी नहीं है

हटाओ, हटाओ, अपने कानों में ठुँसी उँगलियाँ
खोलो, आँखों पर बँधी पट्टियाँ
तोड़ो, मुँह पर लगे ताले
ख़ुद पर यक़ीन करो
और यक़ीन करो मुझ पर कि तुम ज़िन्दा हो
तुम्हारी आँखें अभी भी देख सकती हैं

पसरता अँधेरा
अभी भी घरों, गलियारों, खेतों, बसों, कारों
स्कूलों और पूजाघरों से
कुछ टूटने-चटखने की आवाज़ें सुन सकते हैं
तुम्हारे कान
इतनी ताक़त ज़रूर है तुम्हारे हाथों में कि
ठीक से चला सकें क़लम, सेलफ़ोन, कम्प्यूटर
और इंटरनेट

मुट्ठियों में भींच लो इस सारी ताक़त को
और चलो मेरे साथ, अभी चलो
क्योंकि वह कोमल पंख
नन्हा फूल, भोला स्वाद
ब्लैकबोर्ड की इबारत, उँगलियाँ
वह अनछुई किरण और तोतली ज़ुबान
किसी और के नहीं, सब तुम्हारे हैं
चलो उनके लिए बेख़ौफ़ और महफ़ूज़
दुनिया बनाने के लिए चलो
तुम जितना चल सको, मेरे साथ चलो

(बाल आश्रम, विराटनगर, राजस्थान, 2017, बच्चों के यौन शोषण के ख़िलाफ़ आह्वान)

इन्द्रधनुष को सतरंगा ही रहने दो

हर साल होली पर
उगते थे इन्द्रधनुष
दिल खोलकर लुटाते थे रंग

मैं उन्हीं रंगों से सराबोर होकर
तर-बतर कर डालता था तुम्हें भी
तब हम एक हो जाते थे
अपनी बाहरी और भीतरी
पहचानें भूलकर

लेकिन ऐसा नहीं हो सकेगा
इस बार
सिर्फ़ एक रंग में रंग डालने के
पागलपन ने
लहूलुहान कर दिया है
मेरे इन्द्रधनुष को

अब उसके ख़ून का लाल रंग
सूख कर काला पड़ गया है

अनाथ हो गये मेरे बेटे के
आँसुओं की तरह
जिसकी आँखों ने मुझे
भीड़ के पैरों तले
कुचलकर मरते देखा है

जिस्म पर नाख़ूनों की खरोंचें और
फटे कपड़े लिए
गली से भाग, जल रहे घर में जा दुबकी
अपनी ही किताबों के दमघोंटू धुएँ से
किसी तरह बच सकी
तुम्हारी बेटी के स्याह पड़ गये
चेहरे की तरह

आसमान में टकटकी लगाकर
देखते रहना मेरे दोस्त
फिर से बादल गरजेंगे
फिर से ठण्डी फुहारें बरसेंगी
फिर इन्द्रधनुष उगेगा

वही सतरंगा इन्द्रधनुष
और मेरा बेटा, तुम्हारी बेटी
हमारे बच्चे
उसके रंगों से होली खेलेंगे।

(दिल्ली, मार्च 2020, साम्प्रदायिक दंगों से आहत होकर)

धधकती आग होते हैं सवाल

जवाबों के पिंजरों में होती है
हमारी पैदाइश और परवरिश
सदियों पुराने उन्हीं पिंजरों में
गुज़र जाती हैं पीढ़ियाँ

जवाबों के क़िले बना कर बन्द हो जाना
मूर्तियाँ बना कर पूजना
या मसीहा बना कर पीछे चलना, चलते जाना
दिलों में बसाये रखना विश्वास की तरह
कवच या ढाल बना लेना जवाबों को
बड़ा सुकून देता है, और सुरक्षा भी

ख़तरों से भरा होता है
सवालों के साथ चलना
सवाल रुकते नहीं,
पहिये जो लगे होते हैं उनमें
बर्फ़ नहीं, भाप बना देते हैं वे

ठहरे हुए पानी को
हवा के गुब्बारे नहीं
धधकती आग होते हैं सवाल
और वे जानते हैं
ठहरे हुए पानी को बादलों में बदलना

बेचैनी, भूख और तड़प होते हैं सवाल
लौटते नहीं हैं
अपनी मुट्ठियों में
सवेरे का सूरज लिए बग़ैर

ज़िन्दा क़ौमों की साँसें होते हैं सवाल
जवाबों के कफ़न तले तो मुर्दे लेटते हैं

(दिल्ली, 2016)

तेरा बेटा मरा नहीं है

ख़ून से सनी रोटियों के साथ
चिपकी पड़ी हैं जो रेल की पटरियों पर
वो मेरी उँगलियाँ हैं
बड़ी मेहनत से कमाई थीं रोटियाँ
लम्बे सफ़र के लिए बचायी थीं रोटियाँ

रोते-रोते मुझे छोड़कर माँ भूखी सो पायी होगी?
उसने तो बाँधकर रख दी थीं
घर के पूरे आटे की रोटियाँ
शहर तक के मेरे लम्बे सफ़र के लिए
नहीं मालूम था कि कुछ रास्ते एकतरफ़ा होते हैं

माँ के आँसुओं से कहीं ज़्यादा, बहुत ज़्यादा
तकलीफ़देह थी उसकी खाँसी और
सूखती जाती काया
बहुत रुलाता था भूखी गायों का रंभाना
शेरू की असमय मौत और
रोज़-रोज़ साहूकार का गरियाना

पिता के हाथों के खोदे गये मगर अब सूखे पड़े कुएँ में
यूँ ही बार-बार झाँकना बहुत रुलाता था

संकट एक कहीं से आया और
मुझे अहसास दे गया
मेरे और शहर के सपने अलग-अलग हैं
मेरे और उनके अपने भी अलग-अलग हैं
बहुत हो चुका
लौट पड़ा था उसे पकड़ने
छूट गया जो अपने घर पर

मेरी माँ को मत बतलाना
जो देखा तुमने पटरी पर
कहना, कैसे मर सकता है
जिसकी नज़र उतारी थी तूने उधार की राई लेकर?
बोल सको तो सच कह देना
ईंट-ईंट, पत्थर-पत्थर में

बसता है अब तेरा बेटा
बसता है वो हर मकान में,
मन्दिर, मस्जिद, गिरजाघर में

देख रहे हो जो कुछ भी अपनी आँखों से
हाथों से जो कुछ भी तुम छू सकते हो
उन सब में मैं हूँ, मैं अब भी ज़िन्दा हूँ
मेरे सपने मरे नहीं हैं
फिर मैं कैसे मर सकता हूँ
क़ायनात जब तक ज़िन्दा है, मैं ज़िन्दा हूँ
मरते वो हैं जिनके सपने मर जाते हैं

(दिल्ली, मई 2020, कोरोना महामारी के दौरान प्रवासी मज़दूरों की मौत से व्यथित होकर लिखी कविता)

नये साल में चुप्पी तोड़ें

नये साल में चुप्पी तोड़ें
चलो हवाओं का रुख मोड़ें

गूँगे कब तक बने रहेंगे
कब तक बने रहेंगे बहरे
हम दो आँखों वाले अन्धे
भीड़-भाड़ के नक़ली चेहरे
छोड़ें अब पाखण्ड साथियों
आओ ख़ुद को ख़ुद से जोड़ें
नये साल में चुप्पी तोड़ें

हर ऊँचाई से हम ऊँचे
हर गहराई से भी गहरे
जन की आज़ादी पर अब से
नहीं रहेंगे धन के पहरे
भीतर की ताक़त पहचानें
औरों को तकना अब छोड़ें
नये साल में चुप्पी तोड़ें
नये साल में चुप्पी तोड़ें
चलो हवाओं का रुख मोड़ें

(दिल्ली, 1 जनवरी 2016)

हुंकारों से मौन मरने लगा है

मैं देख पा रहा हूँ तुम भी देखो
मुरझाये चेहरों और बुझी आँखों में
उगते हुए सूरजों
खिलते हुए फूलों को देखो,
ये तुम्हारे भीतर दहकते आक्रोश के सूरज हैं
ये तुम्हारी दिलों के करुणा के फूल हैं

मेरे भारत यात्रियों
देखो कि अनगिनत लाशें
मुट्ठी भींचे चल पड़ी हैं
और बचपन में मुँह पर बँधी
मर्यादा की पट्टी
तार-तार हो उठी है
सुनो सन्नाटे की चीत्कारें
ये किसी ईश्वर का चमत्कार नहीं
हर रोज़ थकान को धता बताते
तुम्हारे फौलादी पैरों ने

जान फूँकी है लाशों में
तुम्हारी हुंकारों से मौन मरने लगा है
जी उठी हैं आवाज़ें
तुम्हारा आक्रोश, तुम्हारी करुणा
तुम्हारे पारी, तुम्हारी हुंकार
और तुम आम हो चुके हो
मेरे भारत यात्रियों

(सितम्बर, 2017 में बाल यौन शोषण और ट्रैफिकिंग के खिलाफ की गयी भारत यात्रा के दौरान यात्रियों को भेजी गयी चिठ्ठी...)

अकेलेपन का अँधेरा

मैंने अँधेरे की चादर ओढ़ रखी थी
यूँ तो बहुत छोटी थी वो
फिर भी मैं चाहता था
तुम भी, वे भी और सभी
उसके भीतर घुस आयें
ताकि मेरी तरह भोग सकें
अँधेरे का दर्द

मैं परेशान था कि
आख़िर इतना मेहरबान
क्यों है सूरज उन पर?

फिर न जाने कैसे तुम
और वे सब कहीं से आते गये
मेरी चादर के भीतर
कैसे हुआ था ऐसा अजूबा
उजली होने लगी थी मेरी अँधेरी चादर

और मैंने अचानक पाया था ख़ुद को
एक बड़ी, बहुत बड़ी,
रोशनी की चादर में ढँके हुए

मैं फिर परेशान हो उठा
अरे ये तो मेरी चादर है
मैं अकेला ही ओढ़ूँगा मेरी इस चादर को

कभी लड़ कर तो कभी साज़िश से
सबको निकाल दिया था एक-एक करके
अब फिर से अकेला लेटा हूँ
घुट रहा हूँ अँधेरे की उसी चादर में

बहुत देर लगी ये समझ पाने में
अकेलापन ही अँधेरा है
और उजाला होता है साथ-साथ होना

(मैंचेस्टर, इंग्लैंड, 9 दिसम्बर 2009)

बदलाव

(सन् 1980–2000)

हर छोर से धरती के हम बच्चे निकल पड़े

हर छोर से धरती के
हम बच्चे निकल पड़े
हर मुल्क से दुनिया के
हम बच्चे निकल पड़े
हम बच्चे निकल पड़े
हम बच्चे निकल पड़े

कल तक अपना बचपन
बँधुआ था मालिक का
हँसने पर, रोने पर
पहरा था मालिक का
गिरवी थे सब सपने
बेगाने थे अपने
अब अपने बचपन का
सपनों का, अपनों का
आँसुओं का, ख़ुशियों का
हर दिन का, हर पल का

चुकता हिसाब करने
हम बच्चे निकल पड़े
पुख्ता हिसाब करने
हम बच्चे निकल पड़े
हर छोर से धरती के
हम बच्चे निकल पड़े

महलों, दीवारों में है
कौन चुना जाता?
कालीन के धागों में है
कौन बुना जाता?
वे किसकी साँसें हैं
फुटबॉलों में भरतीं?
वे किसकी आँतें हैं
जो कपड़ों में सिलतीं
शीशों की भट्ठियों में
है कौन पिघलता जो?
फुलझड़ी-पटाखों में
है क्योंकर जलता वो?

खेतों-खलिहानों में
फैक्ट्री मकानों में
ईंटों के भट्ठों में
पत्थर की खदानों में
क्यों मांस गुलाबो का
अशरफ़ का लहू है क्यों?
जोसफ़ की हड्डियाँ क्यों
बेनी का पसीना क्यों?
तुमसे सवाल करने
हम बच्चे निकल पड़े
तुमसे जवाब लेने
हम बच्चे निकल पड़े
हर छोर से धरती के
हम बच्चे निकल पड़े

हम बाल मज़दूरी को
जड़ से उखाड़ देंगे
जुल्मी चाहे जो हो
चेहरा बिगाड़ देंगे

शोषण की पुस्तक के
पन्नों को फाड़ देंगे
अब अपना हक लेने
हम बच्चे निकल पड़े
हम बच्चे निकल पड़े
हम बच्चे निकल पड़े

हम एशियाई बच्चे
हम बच्चे अफ्रीकी
हम बच्चे यूरोपी
बच्चे हम अमेरिकी
पश्चिम से, पूरब से
हम बच्चे निकल पड़े
दक्षिण से, उत्तर से
हम बच्चे निकल पड़े
क्रान्ति को निकल पड़े
शान्ति को निकल पड़े
हम नयी सभ्यता की
रचना को निकल पड़े

अब क़लम हमारी है
और है किताब अपनी
लिखने को, पढ़ने को
हम बच्चे निकल पड़े
तक़दीरें गढ़ने को
हम बच्चे निकल पड़े
हर छोर से धरती के
हम बच्चे निकल पड़े

(सोंपॉलो, ब्राजील, फ़रवरी 1998,
विश्व यात्रा के दौरान लिखा गया अभियान गीत)

ढेरों कम्प्यूटर हो गये हैं इर्द-गिर्द

ढेरों कम्प्यूटर हो गये हैं मेरे इर्द-गिर्द
लेकिन वे आँखें नज़र नहीं आतीं
जो दर्द में बेझिझक रो उठें
और ख़ुशी में सहजता से मुस्करा दें

भाग तो रही है मेरे आसपास पूरी भीड़
लेकिन वे पाँव कहीं नज़र नहीं आते
जो बिछुड़े हुए किसी बच्चे को
माँ की गोद तक पहुँचाने की ख़ातिर
बेचैन हो उठें

इतनी जल्दी-जल्दी
मिल रहे हैं ढेर सारे हाथ एक-दूसरे से
लेकिन कोई दिल मिलता हुआ
दिखायी नहीं देता

सजे-धजे हैं
सारे के सारे चेहरे

मगर कोई भी चेहरा
टीबी की शिकार होकर मरी
ग़ुलाम बच्ची ग़ुलाबो
और मालकिन के हाथों दागे गये
अशरफ़ की पीड़ा को
महसूस करने वाला चेहरा नहीं है

हाय-हेलो के इस शोर में
सुनायी नहीं देती किसी दिल की धड़कन

ऐसे में चलो चलें
एक लम्बी बहुत लम्बी यात्रा पर
जंगलों, नदियों, समन्दरों
और पहाड़ों के रास्ते चलें

चलें इस यक़ीन के साथ
कि ख़ूबसूरत पेड़ों से उगते
निर्मल नदियों में बहते-उतराते
ऊँचे पहाड़ों पर तने खड़े
गहरे समन्दर की लहरों पर तैरते

हाथ-पाँव, चेहरे और दिल
सब मिलेंगे
हमें जोड़ना है इन टुकड़ों को
और बनाना है एक विश्व मानव
जो मुस्कराती गुलाबो हो
खिल-खिलाता अशरफ़ हो
और हों उन्हीं की माँ-बहन
पिता और भाई

(दिल्ली, 1999, बचपन बचाओ आन्दोलन के विस्तार और कार्यकर्ताओं के भीतर सिकुड़ती करुणा पर एक टिप्पणी)

मुक्ति के लिए उठो

मुक्ति के लिए उठो, न्याय के लिए उठो
मुक्ति के लिए चलो, न्याय के लिए चलो
कि चल पड़ा है आज ये जहाँ
निकल पड़ा है मुक्ति कारवाँ

मज़दूरी बच्चे करें क्यों?
क्यों पिता को नहीं रोज़गार?
घुट रहा है बचपना
लुट रहा है बचपना
ग़रीबी के नाम पर
गिरवी है बचपना
चाहिए था जिनको सिर्फ़ प्यार
आज होगा इसका फ़ैसला
मुक्ति के लिए उठो
न्याय के लिए उठो

एक-एक फूल जो
खिल रहा है बाग़ में

एक-एक ईंट जो
पक रही है आग में
हीरों में है जो चमक
चूड़ियों में जो खनक
गलीचों में जो बुना
दीवारों में जो चुना
जानते हो कौन है
जो पानी बनकर बह गया
बाल मजूरों का ख़ून है
और उन्हीं का है पसीना
मुक्ति के लिए उठो
न्याय के लिए उठो

क्रेसरों में पिस रहा
सड़कों पर बिछ रहा
चाय की दुकान में
साहब के मकान में
सूद पर जो उठ रहा
बाज़ारों में बिक रहा

अँधेरे में ख़ुद जिया
बन गया दियासलाई
होती रही अब तलक
रात-दिन जिसकी पिटाई
बाल मजूरों का जिस्म है
और उन्हीं का है बचपना

बच्चों के हक़-हकूक
आज हम दिलायेंगे
बाल मजूरी को अब
जड़ से हम मिटायेंगे
ज़िन्दगी की नयी किताब
लिखकर हम दिखायेंगे
और समाज भी नया
मिलकर हम बनायेंगे
हमने ली है आज ये क़सम

मुक्ति के लिए उठो
मुक्ति के लिए चलो

मुक्ति के लिए उठो
मुक्ति के लिए चलो
न्याय के लिए उठो
न्याय के लिए चलो
न्याय के लिए उठो,
न्याय के लिए चलो

चल पड़ा है, आज ये जहाँ
निकल पड़ा है मुक्ति कारवाँ

(कन्याकुमारी, तमिलनाडु, 1994, बाल श्रम विरोधी भारत यात्रा के अवसर पर लिखा अभियान गीत)

हर क़दम बनेगा मुक्ति का पदचिह्न

फौलाद हो चुके हैं तुम्हारे पाँव
और हाथ पहाड़ों की चोटियाँ
देखो कि तुम्हारा दिल
समन्दर बन गया है
आँखों में से उग रहे हैं
चाँद और सूरज
और आसमान से ऊँचा हो गया है
तुम्हारा मस्तक

यह सब इसलिए हुआ
क्योंकि निकली है
तुम्हारे मुँह से आज
एक साथ पच्चीस करोड़
बेज़ुबान बच्चों की आवाज़

जन्म लेने लगा है एक पूरी पीढ़ी का भविष्य
तुम्हारी इच्छा शक्ति की कोख से

और दस्तख़त कर दिये हैं तुमने
तरक़्क़ी के हाशिए से बाहर धकेली गयी
इस नन्ही जमात के पहचान पत्र पर
आज तुम्हीं तो निकले हो मुस्कान डालने
ईश्वर के सबसे हसीन चेहरे में

ओ यात्री!
इसीलिए तुम्हारा हर क़दम बनेगा
अगली शताब्दी की मुक्ति का पदचिह्न

(मनाली, हिमाचल प्रदेश, 13 जनवरी, 1998, बाल श्रम विरोधी विश्व यात्रा की शुरुआत पर)

जब तुम जन्मीं मेरी बेटी

सोचता हूँ
धरती पर
कब महका होगा पहला फूल
कब चहकी पहली चिरैया

कब हुई पहली भोर
उस एक दिन में हुआ था यह सब
जिस दिन तू जन्मी
मेरी बेटी

जब तू पहली बार मुस्कुरायी
तब उगा था पहला इन्द्रधनुष
तेरे तुतलाकर बोलने से
संसार में उपजे पहले शब्द
बहना सीखा था हवाओं ने
तेरी श्वासों से

और घुटनों चलना शुरू किया
धरती ने, चाँद ने
तेरे घुटनों चलने से

तेरे रूठने पर किये गये ईजाद
शंख, घण्टे, घड़ियाल
रची गयी प्रार्थनाएँ, अजानें, आरतियाँ
तुझे मनाने को

कोई रोशनी, कोई रंग नहीं है बाहर
जो है, सो बस है मेरे भीतर बसे
तेरे अहसास में
क्योंकि
तेरे ही जन्म से जन्मे हैं
सारे एहसास

तू ही तो है सावन,
होली, दीवाली, ईद
सभी तीज त्योहार!

तू ही तो है सृष्टि की माँ
मेरी बेटी
तू ही है प्रकृति पर
परमात्मा का पहला हस्ताक्षर

(दिल्ली, 1985, बेटी अस्मिता के जन्म पर)

मेरी बेटी स्कूल जा रही है

अभी-अभी किवाड़ खोलकर तोड़ रही है वह
सदियों पुराने गुलामी के बन्धन
देहरी के बाहर पहला क़दम रख
ज़िन्दगी की तमाम मुश्किलों को
ठोकर मार रही है वह
मेरी बेटी स्कूल जा रही है

एक नयी सृष्टि की रचना का
सामान भरकर चली है
वह अपने छोटे-से बस्ते में
किताबें, स्लेट और पेन्सिल
उसकी आँखों की चमक के सामने
फीके पड़ गये हैं
ब्रह्माण्ड के सारे सूरज, चाँद और तारे

बेजान सी लग रही हैं
सारे समन्दरों की लहरें-
उसके दिल में उमड़ते जज़्बातों के आगे
मेरी बेटी स्कूल जा रही है

घर से निकलते वक़्त
ज़ुबान से भले ही उसने
बोला हो अधूरा वाक्य-
"पापा मैं जा रही हूँ"
परन्तु मैंने पूरा सुना

"पापा मैं जा रही हूँ
पूरी दुनिया को अपना बनाने
और ख़ुद को पूरी दुनिया का"

देखो मेरी बेटी स्कूल जा रही है

(दिल्ली, 1989, बेटी अस्मिता के स्कूल जाने के पहले दिन पर)

आक्रोश

(सन् 1980 से पहले)

चल उठी सड़क

जब क़दम रुके आदमी के
चल उठी सड़क
ऊर्ध्वरेखीय गति का
नया आयाम दे गया कोई
सब सर्वनाम विशेषणों से अलग-थलग
कितने अधिकार से संज्ञा ही ले गया कोई

सारा शहर ही बन रहा है एक शब्दकोश
यूँ अक्षरों की भीड़ से गुप-चुप निकल गया कोई
रिश्तों के सिलेबस में सिर्फ़ बचे प्रश्न-चिह्न
मेरे बाहर मेरा अनुवाद मिल गया कोई

हम सियासत में कर रहे थे रोशनी तलाश
हाथों में आ के चिरागों सा जल गया कोई
जब आदमियत हो गयी सबसे बड़ा गुनाह
हम सा ही गुनहगार हमें मिल गया कोई

(विदिशा, मध्य प्रदेश, 6 फ़रवरी 1977, सुमेधा जी से प्यार होने पर)

व्यवस्था के अँधेरे की घुटन में

सदियों के अँधेरे को चुनौती देकर
कल मैंने एक मोमबत्ती जलाई थी

उसकी लौ से बिखरी रोशनी के रंगों से
अपना एक चेहरा गढ़ने लगा था
परन्तु लोगों ने बुझा दी

व्यवस्था की गन्दगी और सड़न में
अपनी नाक ढक लेने की बजाय
आज एक अगरबत्ती जलाई है मैंने
और धुएँ की लकीरों को
इंची-टेप से नाप-नाप,
अपना वर्तमान पढ़ रहा हूँ

फिर भी तुम हो कि
उसे भी बुझाये जा रहे हो,

लेकिन कल
एक दियासलाई की तीली बनकर
ख़ुद को परिभाषित करूँगा
तब मोमबत्तियाँ, अगरबत्तियाँ बन
जलने की ज़रूरत नहीं पड़ेगी मुझे

भले ही मैं रहूँ–न रहूँ,
तुम रहो–न रहो
मोमबत्तियाँ अगरबत्तियाँ ज़रूर जलेंगी
और तब हमारे बच्चे
रोशनी और ख़ुशबू में पलेंगे

(विदिशा, मध्य प्रदेश, 1975,
छात्र आन्दोलन के दौरान लिखी गयी)

एक ही धरती पर

रातों में भी बहुतेरे सूरज उगाती
एक–एक बहुमंज़िली इमारत के सामने
वे सारी झोंपड़ियाँ बहुत हल्की हो गयी हैं
जिन सबका एक ही सूरज
हर रोज़ सबेरे पूरब में डूबता है

वज़न के इस असन्तुलन से अब
धरती पर कई बड़ी–छोटी दरारें
साफ़–साफ़ नज़र आने लगी हैं

मैं जानता हूँ, मेरी आवाज़
बहुत मुश्किल से पहुँच पायेगी
माटी की काली, पीली, रंगीन, रंगहीन
मोटी कठोर परतों से रास्ता बनाती
धरती के गर्भ में, वहाँ जहाँ
गर्म लावा होता है और शीतल पानी भी

तब तक मैं कारख़ानों की भट्ठियों की
बारहमासी जेठ की तपन को

हल और बैलों की तरह जुते हुए जिस्मों को
अपने गीतों में पिरो कर
यूँ ही गाये जाऊँगा

भूख के, रोटी के, पसीने के
लूट और मुक्ति के गीत
इन्हीं दरारों के किनारे खड़े होकर

मैं जानता हूँ तुममें से ज़्यादातर लोग
मेरे साथ मिलकर गाना तो दूर
मुझे सुनना भी पसन्द नहीं करेंगे
लेकिन फिर भी सुनो कि इन दरारों से
ज्वालामुखी ज़रूर फूटेगा
और मेरी आवाज़ लावा को साथ लेकर ही
वापस लौटेगी एक दिन

और ये भी सुनो
वो लावा उन्हीं राजमार्गों से गुज़रेगा
जिन पर ये भारी-भरकम
बहुमंज़िली इमारतें हैं

मेरी आवाज़ से इसी धरती के गर्भ से
अनगिनत झरने फूटेंगे कभी, और
ऊबड़–खाबड़ धरती शीतल निर्मल जल से
समतल और सराबोर हो जायेगी

(7 जनवरी 1976)

तिजोरी धूप, किताबें धूप

सुनहरी धूप के उस टुकड़े के
लहूलुहान जिस्म का बैसाखियों के सहारे
लड़खड़ाते चलना, गिरना, फिसलना
बिल्कुल सहज हो गया है
अँधेरे में बैठे-बैठे कागज़ों पर
कई-कई सूरज उगाने सा

पर यह देखना कितना शर्मनाक है
महसूस करना और भी दर्दनाक

इस दुर्घटना के साथ
क्यूँ? कब? कैसे? के सवाल
उतने ही बेहूदा हैं
जितना मेरे या तुम्हारे पैदा होने के

धूप का समूचापन आँखों में
सहेजे रखने के बावजूद
जंगल में दरख़्तों की छाहों के बेढब आकार

एक एहसास देते हैं
धूप के टूटने का, बिखरने का
और सदियों पुरानी उस साज़िश का
जब तिजोरियों में बन्द की जाने लगी थी धूप
और किताबों में क़ैद

अब किताबें बन चुकी हैं धूप
तिजोरियाँ हो गयी हैं धूप
और बाहर बच रहे टुकड़े की नियति
बस, लड़ते रहना है अपने वजूद के लिए

वैसे तो मैंने माँ के दूध में
धूप की जीत की दास्तानों के घूँट पिये हैं
कई बार पढ़ी है उसकी जीत की गारण्टी
राष्ट्रीय निशान के नीचे–'सत्यमेव जयते'

अब क्यों हार रहा है वह अपना मुक़दमा
लगातार ज़रूरी साक्ष्यों के अभाव में?
और तिकड़मों के अभाव में चुनाव भी
लोग ओढ़ते हैं, बिछाते हैं
पहनते हैं, पढ़ते हैं, लिखते हैं धूप

ख़रीदते और बेचते भी हैं
बची-खुची धूप को अपने भीतर पैरों तले रौंद
बैसाखियाँ दिला कर छोड़ दिया है टुकड़ों में
उफ़्फ, कितना शर्मनाक है इसे देखना
और महसूस करना कितना दर्दनाक

मैंने दोस्ती कर ली है धूप के एक टुकड़े से
ख़ुद बैसाखियाँ बनकर
भोग रहा हूँ अपने भीतर बेशुमार वज़न
मगर जी रहा हूँ गर्मी और उजाला
लड़ रहा हूँ तिजोरी से, किताबों से
तुमसे और ख़ुद से भी

मिटा रहा हूँ अपने भीतर उगे जंगल को
बरगदों को, बबूलों को, झाड़-झंखाड़ को
धूप के एक टुकड़े के सहारे मैंने
समूची धूप को न्योता दे दिया है

(विदिशा, मध्य प्रदेश, 1972, सत्य की खोज और संघर्ष पर लिखी गयी कविता)

खुद लिखूँगा अपना शास्त्र

वेद शास्त्रों की भाषा बोलने वाले तुम्हारे मुँह से
सहानुभूति, प्रेम, करुणा या इनसे मिलते-जुलते
श्लोकों, मन्त्रों और ऋचाओं जैसे शब्द
बहुत दूर आसमान के सितारों से लगते हैं मुझे

आँखों और मुँह के प्रणय अनुबन्ध के बाद
मेरे कान बेचारे दो नहीं, भीड़ हो गये हैं
वर्ण व्यवस्था की टोपियाँ पहनकर चलने वाले
तुम अच्छी तरह जानते हो
भीड़, ब्राह्मण नहीं शूद्र होती है

तुम्हारे ये शब्द मेरे कानों में पहुँचने पर
मेरी भलाई का कोई दावेदार
या फिर धर्मरक्षा का कोई पाखण्डी ठेकेदार
शब्दों के साथ-साथ
पिघला हुआ गर्म सीसा फिर से
मेरे कानों में डालने की कोशिश ज़रूर करेगा
भूलकर कि अब मेरे कान

दो नहीं दस नहीं
भीड़ हो चुके हैं

अनुशासन, परम्परा, मर्यादा
आदि की दुहाई देकर
समझौतों की रोटी, पानी, हवा पर
पलने वाले तुम
देखते रहोगे
सुनते रहोगे चुपचाप
क्योंकि मेरे सवालों की अग्नि के लिए
तुम्हारे कानों की पाचन शक्ति बहुत ज़्यादा है

पर एक वक़्त आयेगा
तुम बोल भी नहीं पाओगे जब
क्योंकि मेरी बेड़ियों की तरह
इस्तेमाल होने वाली
तुम्हारी सारी परिभाषाएँ
झुलस चुकी होंगी
मेरे सवालों की तपन से
तुम्हारी खोखली संज्ञाएँ मकड़ी-सी

ख़ुद के ही बुने जालों में फँस
निष्प्राण हो गयी होंगी
मुझे डर है कि
तुम्हारे हाथों का गरम सीसा
तुम्हारे ऊपर ही न छलक जाये
तुम दोषी ठहराये जाओगे एक दिन
ऋचाओं जैसे पवित्र शब्दों के बलात्कार के
अपने कानों की तरह ख़ुद भीड़ हो गया मैं
ख़ुद लिखूँगा अपना शास्त्र
जिसमें मेरी आज़ादी के मन्त्र तो होंगे ही
तुम्हारी गुलामी की इबारत भी नहीं होगी।

(विदिशा, मध्य प्रदेश, 1972, पुरातनपन्थियों से टकराव के दौरान लिखी गयी कविता)

एक दीया अँधियारी बस्ती का

उजली इमारत के लाख दीये बेमानी
चलो बनें एक दीया अँधियारी बस्ती का
बाहर के साथ-साथ अन्तस् का तम मिटे
फर्क मिटे बूँद और सागर की हस्ती का

(विवाह से एक वर्ष पहले 1977 के अक्टूबर महीने में सुमेधाजी को लिखी गयीं ये पंक्तियाँ हमारी जीवन यात्रा का आधार बनीं। एक प्रकार से यह उन्हें मेरा पहला प्रेमपत्र था)

अंगारों के अंकुर

मेरे गाँव की चौपाल से
संसद भवन तक
बेतरतीब से पड़े
छोटे-बड़े
रंग-बिरंगे डिब्बों से
ढक्कनों का बार-बार उछलना
एक साफ़ संकेत है कि
उनके भीतर कुछ गरम होने लगा है
इस ठण्डे, अँधेरे, बन्द माहौल में

ये गर्मी मैले-कुचैले चीथड़ों से लिपटी
पसीने से तर-बतर उन गलियों से आयी
हवा की तपन से है
जहाँ से तुम कभी नहीं गुज़रे

गलियों देहातों में दबे-छुपे
निर्जीव से दिखते पौधों में
छोटे-छोटे ही सही

अंकुर फूटने लगे हैं
अंगारों के अंकुर
शायद उन्हीं की गर्मी है इन हवाओं में

अभी-अभी हमारे शहर के किसी,
हिटलर, मुसोलिनी या मिलते-जुलते
एक शख़्स ने बड़े आहिस्ते
अपने अस्तित्व पर ख़तरे के डर से
सुलगती आग को क़ैद कर
दफ़नाने की हिमाकत की है
एक दो नहीं, पूरी बीस
रंगीन मखमली चादरें ढक कर

देखते रहो, जल्दी ही इन अंकुरों से
अंगारे फरेंगे, अंगारे झरेंगे
तब उन्हीं की तपन से
बेड़ियाँ, सलाख़ें, सब पिघलेंगी

(विदिशा, मप्र, जनवरी 1976, आपातकाल के दौरान लिखी गयी कविता, जब पूरे देश को जेलख़ाना बना दिया गया था। जनता को लुभाने को सरकार ने 20 सूत्री कार्यक्रम चलाया था)

आदमियत हो गयी सबसे बड़ा गुनाह

सबसे बड़ा गुनाह दोस्त आदमियत है आज
फिर भी वही गुनाह किये जा रहे हैं हम

ये रास्ते, ये पाँव और ये ख़ून के निशां
बस आदमी होने की सज़ा पा रहे हैं हम

जब आदमी का मोल कामयाबियाँ हुईं
नाकामियों का लुत्फ़ लिए जा रहे हैं हम

हम लाश नहीं, क्यों बहें नदी के बहाव में
अपने ही हाथ-पैर, तो चला रहे हैं हम

सबके उसूल सबके दायरों से बेअसर
वे चाहते हैं कहीं, कहीं जा रहे हैं हम

(विदिशा, मध्य प्रदेश, 1974)

बनूँगा समय भी और रफ़्तार भी

कुछ ज़िन्दगियाँ पटरियाँ हैं
कुछ रेलगाड़ियाँ, और कुछ प्लेटफ़ॉर्म
ज़्यादातर यात्री हैं, और थोड़े-बहुत ड्राइवर भी
हर कोई अलग है, बिल्कुल अलग

साथ नहीं रहते वे, फिर भी मिलते ज़रूर हैं
दुआ-सलाम रखते हैं आपस की,
भरोसा करते हैं वे एक-दूसरे पर
शायद मोहब्बत करना भी सीख गये हैं

सोचता था मैं कौन हूँ इनमें से
कौन हो तुम, और वे कौन हैं?
मेरी ज़िद थी सिर्फ़ ड्राइवर बनने की
पटरी, रेल या यात्री में से कुछ भी नहीं
ड्राइवर के बिना सब बेकार है
ताक़तवर वही होता है सबसे ज़्यादा

सालों लग गये इतना समझने में कि
ड्राइवर का कोई अस्तित्व नहीं होता
बाक़ियों के बिना

अब सोच लिया है धरती बनूँगा
और आकाश भी
समय बनूँगा और रफ़्तार भी

(विदिशा, मध्य प्रदेश, नवम्बर 1977, आपातकाल के बाद जनता पार्टी की सरकार बनने पर युवाओं और छात्रों में राजनीतिक तथा सरकारी पद हासिल करने की आपाधापी के बीच लिखी कविता)

आग की तलाश में

तुम्हारा यह सवाल कितना बेमानी है
कि रोज़-रोज़ क्या ढूँढ़ता फिरता हूँ मैं?

पिछले दिनों शहर की उस बड़ी लाइब्रेरी
से लगाकर संसद भवन और लालक़िले
के इर्द-गिर्द तक
कुछ और नहीं
मैं, मेरा देश खोज रहा था
मेरा अपना हिन्दुस्तान

किन्तु ये बेवकूफ़ी शब्द का सबसे
सटीक अनुवाद निकला
जब उस दिन ट्रेन से फेंका गया
एक जूठा दोना पकड़ने को
बेतहाशा झपटी बच्चों की भीड़ में मुझे
मेरा देश मिल गया था
जिसकी भाषा, जाति, मज़हब

सभी कुछ केवल भूख थी
मेरी मेज़ पर रखे ग्लोब का एक हिस्सा
बड़ी बेरहमी से नोच लिया है कुछ भेड़ियानुमा
नाख़ूनों ने
इतना ही नहीं, 'लेबलिंग', 'प्लानिंग' वग़ैरह के
नये-नये नारे देकर
लगातार नोचे जा रहे हैं अभी भी

ग्लोब के जिस्म से मेज़ पर और
नीचे फ़र्श पर टपक रहे गर्म ख़ून से बनी
बेढब आकृतियों में पढ़ रहा हूँ मैं
एक सन्देश, धधकती आग का सन्देश

पहले कभी देखी थी वैसी आग
मंचों पर नेताओं के जोशीले भाषणों में
और कवियों के क्रान्तिगीतों में
इसलिए उन्हीं के आसपास
खोजने लगा था गर्मी और रोशनी
लेकिन वो भी बेवकूफ़ी साबित हुई

मैं नहीं जानता था कि अब तो
हवाओं में सुनहरा-लाल रंग उड़ा कर भी
आग दिखायी जा सकती है

आख़िर एक दिन मिल ही गयी वो आग
उस नौजवान मज़दूर के दिल में
जिसे हर रात उसका हैवान ज़मींदार
भेज देता है खेतों की रखवाली को
सुबह लौटने पर झोंपड़ी में मिलती हैं उसे
एक जोड़ी पथराई आँखें,
नुचा हुआ जिस्म
सिगरेट के ठूँठ और
शराब की ख़ाली बोतलें
अभी-अभी ब्याह करके आया था वो

कर सको तो महसूस करो आग की गर्माहट
जो उस बूढ़े, आदर्शवादी आदमी के साथ
चल पड़ी
हिन्दुस्तान की नयी पीढ़ी में धधक उठी है
जिसे गहरे तलघर में डाल कर
समझकर भी तुम नासमझ बने बैठे हो

अब मैं यहीं कहीं
लड़खड़ाते पाँवों
रंगीन चश्मों से ढकी आँखों
बहरे हुए कानों
पथराई जुबानों और
अपने घर के अँधेरों और उजालों में
ढूँढ़ रहा हूँ वे हाथ
जो हाथ भी हों और
दियासलाई की तीलियाँ भी

(दिल्ली, 1976, आपात्काल के दौरान छिपते–छिपाते लिखी कविता। उन दिनों मैं जेपी आन्दोलन में सक्रिय था। जब जयप्रकाश नारायण सहित विपक्ष के सभी बड़े नेताओं, अनगिनत छात्रों और युवाओं को जेलों में डाला गया था)

शब्दकोश के घाव

वे तमाम लोग लगातार मुझको
पागल कहे जा रहे हैं, क्योंकि
इस उम्र में भी मैं कभी
लिख नहीं पाता हूँ गीत
प्यार, वफ़ा, हुस्न, गुलशन, बहारों के
सन्तोष, धैर्य, सहनशीलता या ख़ुशी के

निरर्थक लगने लगे हैं मुझे ये शब्द
बहुत बेज़ा इस्तेमाल हो चुका है उनका
शब्दकोश में उन शब्दों की जगह अब
नज़र आते हैं छोटे-बड़े घाव और
गहरी खरोंचें
उन्हें शिकायत है कि मेरी कविता में

आक्रोश और आग के अलावा
क्यों नहीं होती कोई और बात
कैसे बताऊँ कि जो भी देखता हूँ इन दिनों
आँखों के सफ़ेद पर्दे लाल हो उठते हैं
और जब कुछ भी लिखता हूँ
सारे जिस्म की गर्मी
उँगलियों में सिमट जाती है

(विदिशा, मध्य प्रदेश, जनवरी 1975, छात्र आन्दोलन के दौरान लिखी गयी कविता)

ख़्वाबों और ख़्वाहिशों का अवतार

ईश्वर को तकलीफ़ करने की
क्या ज़रूरत है भला
इन्सान के ख़्वाब और ख़्वाहिशें ही
काफ़ी हैं अवतार लेने के लिए
गोद में लेटा मेरा बेटा ज़ोर से
खिलखिलाया है अभी–अभी
मेरी छाती और सिर में अपनी
नन्हीं लातें मार कर
समन्दर हो गयी है मेरी छाती और
सिर आसमान
मेरी ख़्वाहिशों और ख़्वाबों का
नया अवतार है वो

फूल सा महक उठा है मेरे भीतर कुछ
सूरज सा उग गया है कोई
एक झरना सा फूट पड़ा है
और बहने लगी है ठण्डी बयार
मैं पिंजरा नहीं बनाऊँगा उसके लिए
अपने लिए भी कभी नहीं बनाया
यह जानते हुए भी कि महफ़ूज़ होते हैं पिंजरे
और बड़ा जोख़िम होता है खुले आसमान में

ख़ुशबू, रोशनी, पानी और हवा
पिंजरों में क़ैद नहीं रहते
सबके होते हैं वे, सबका है मेरा बेटा

ख़्वाहिशें और ख़्वाब तुम्हारे भीतर भी
नये अवतार लेते रहेंगे, मेरे बेटे
मरने मत देना उन्हें और
मिटने मत देना अपना वजूद कि

तुम आज़ादी में पली ख़ुशबू हो,
रोशनी हो, पानी हो और हवा हो
जिनके आगे निरर्थक हो जाते हैं
सभी दायरे और दीवारें

(विदिशा, मध्य प्रदेश, 1979, बेटे भुवन के बचपन में)

❑❑